LA

RÉFORME DES ÉTUDES

DU DOCTORAT EN DROIT

RAPPORT

FAIT PAR M. VIGIÉ, DOYEN

AU NOM

DE LA FACULTÉ DE DROIT DE MONTPELLIER

MONTPELLIER

IMPRIMERIE CENTRALE DU MIDI

(HAMBLIN FRÈRES)

1894

LA

RÉFORME DES ÉTUDES

DU DOCTORAT EN DROIT

RAPPORT

FAIT PAR M. VIGIÉ, DOYEN

AU NOM

DE LA FACULTÉ DE DROIT DE MONTPELLIER

MONTPELLIER

IMPRIMERIE CENTRALE DU MIDI

(HAMELIN FRÈRES)

1894

RAPPORT

SUR

LA RÉFORME DES ÉTUDES

DU DOCTORAT EN DROIT

Messieurs,

La Faculté de droit est saisie d'un projet de modification du doctorat en droit.

Dans les conditions actuelles, la licence en droit s'obtient après trois années d'étude, et tout le monde reconnaît que, pour diverses causes [1], ce titre ne justifie que de connaissances juridiques peu élevées ; le doctorat se présente, au contraire, comme un titre supérieur, de luxe, si l'on nous permet cette expression, auquel le candidat n'arrive qu'après trois examens successifs, et une thèse, ouvrage quelquefois très important. Le temps affecté à ces études de doctorat comprend généralement trois années.

Le docteur en droit est un jurisconsulte ; il a étudié sérieusement l'ensemble de la science juridique ; il sait travailler, sa thèse démontre qu'il est en état de creuser un sujet sous toutes ses faces.

Ces conditions d'études présentaient-elles des inconvénients graves, au point de vue scolaire et scientifique ? Nul ne peut le soutenir.

La licence restant un titre professionnel suffisant pour un très grand nombre de nos élèves et le doctorat un titre de

[1] Comp. Bufnoir, *De la Réforme du doctorat en droit*.

haute valeur scientifique constatant une culture juridique élevée.

Quels sont donc les motifs de la réforme sollicitée ?

L'application à nos étudiants de l'article 23 de la loi du 15 juillet 1889 sur le recrutement de l'armée.

Tandis que la faveur de ne faire qu'un an de service militaire est accordée, dans des conditions facilement réalisables, à un très grand nombre de catégories d'étudiants, après un ou deux ans d'études, le législateur s'est montré particulièrement rigoureux pour l'étudiant en droit. Celui-ci n'aura droit à la dispense que s'il a obtenu avant vingt-six ans le doctorat en droit; la licence avec ses trois ans d'études ne lui servira de rien. Or, dans cette situation, si l'on tient compte des exigences du baccalauréat ès lettres, de l'âge moyen auquel les jeunes gens arrivent à ce titre, et de l'obligation de consacrer six années d'études pour arriver au doctorat en droit, il faut reconnaître qu'un très petit nombre de nos élèves peut user des faveurs de la loi.

Sans rechercher pourquoi ces différences de traitement entre des catégories diverses de dispensés, en présence de la situation faite à nos étudiants, tout le monde sent la nécessité « *d'accorder l'organisation du doctorat en droit avec les exi-* » *gences de la loi militaire* [1]. »

Par suite, les conditions dans lesquelles se présente la réforme du doctorat sont très mauvaises : les Facultés de droit vont se trouver placées entre la pensée de maintenir élevé le niveau des études juridiques et d'alléger les programmes en vue du doctorat. La question est ainsi mal prosé, nous n'hésitons pas à le dire.

Au lieu de demander aux Facultés d'élaborer un projet de réforme du doctorat, l'administration aurait dû provoquer ou tout au moins étudier un projet de réforme de la loi militaire. Et, cela fait, la réforme du doctorat, s'il y avait eu lieu, aurait été abordée, en dehors de toute préoccupation étrangère aux intérêts scientifiques, avec une entière indépendance d'esprit. Mais demander la réforme des études du doctorat, pour les mettre en harmonie avec les exigences de la loi militaire,

---

[1] Bufnoir, *De la Réforme du doctorat en droit.*

c'est s'exposer, sous prétexte de réformer le doctorat, de compromettre sa valeur scientifique et de bouleverser les études juridiques.

La loi militaire ne pourrait-elle pas être modifiée ?

Sans doute nous reconnaissons les exigences de la défense nationale, nous comprenons qu'on ne puisse pas enlever à l'armée la partie la plus intelligente de la jeunesse française ; mais, puisque l'on a admis le système des dispenses et des équivalents, il semble équitable de traiter d'une façon à peu près égale les diverses catégories de dispensés.

Les licences ès lettres et ès sciences s'obtiennent généralement au bout de deux années d'études, pour la très grande majorité des candidats ; et quelques-uns des autres titres prévus par l'article 23 de la loi du 15 juillet 1889 s'obtiennent avec la plus grande facilité. Pourquoi donc ne pas mettre la licence en droit sur la même ligne que les autres titres visés à l'article 23 ?

Objectera-t-on à cela que le nombre des licenciés en droit est trop considérable, pour l'assimiler à des titres qui ne sont sollicités que par un très petit nombre de personnes ? Cet argument pourrait mener loin, et expliquerait peut-être la prospérité de certains établissements et l'augmentation de leurs élèves depuis quelques années. Ces élèves viennent y chercher, non pas une instruction dont ils n'ont cure, mais une dispense du service militaire de deux années.

Bien que l'assimilation de la licence en droit avec les licences ès lettres ou ès sciences nous paraisse équitable, regardons-là comme impossible à obtenir en l'état. Est-ce à dire que la loi militaire devait exiger le doctorat, comme titre de dispense des deux années de service en temps de paix? Nous ne l'admettons pas, et nous nous permettons de trouver qu'on a sacrifié, sans les défendre, les intérêts légitimes de nos étudiants. Si les Facultés de droit avaient été consultées sur les bases à établir, en vue des dispenses du service, peut-être auraient-elles proposé une combinaison pratique donnant à la défense nationale toute satisfaction, et maintenant entre les diverses catégories de dispensés un traitement analogue.

Ce qui n'a pas été fait à cette époque, ne pourrait-on pas le réaliser aujourd'hui, et est-il donc interdit de songer à une modification des réglementations de l'article 23, quand, pour des catégories de dispensés plus favorisés, une modification a été obtenue?

La Faculté est persuadée que l'on devrait trouver la modification proposée dans un système qui saurait allier les nécessités de la défense avec le relèvement des études de droit.

La licence en droit, telle qu'elle s'obtient aujourd'hui, ne nous paraît pas devoir faire profiter ses titulaires de la dispense des deux années de service. Son niveau est trop bas et le titre trop facile à obtenir. La faiblesse des examens n'est pas du fait des professeurs, mais du régime des examens et de la notation de ces examens ; il faudrait apporter, sans hésiter, la réforme dans ces réglementations : le niveau du doctorat est élevé, nul ne le conteste, et cela tient exclusivement à ce que la réception n'est possible qu'avec majorité de blanches, pourquoi ne pas prendre cette règle pour la licence ?

La dispense des deux années de service militaire, en temps de paix, est une faveur, qui ne se justifie que si un certain temps est consacré sérieusement à des études élevées ; en conséquence, le meilleur système à accepter serait, en rattachant la dispense au titre de licencié, d'y mettre cette double condition :

1º Que le licencié aura passé son temps d'étude auprès d'une Faculté de l'État (et par cette règle, les Facultés pourraient lutter contre la tendance de beaucoup de familles, à retenir l'étudiant auprès d'elles).

2º Que le licencié aura obtenu un certain nombre de boules blanches à ses examens (par là, le niveau des études serait relevé et, grâce à l'émulation, le titre de licencié en droit deviendrait un titre vraiment scientifique) [1].

---

[1] Pour se rendre compte des effets d'une réforme dans le sens que nous indiquons, nous avons fait faire le relevé des notes obtenues à leurs divers examens, jusqu'à la licence, par les 592 licenciés reçus à Montpellier, depuis la fondation de la Faculté.

2 étudiants sont arrivés à la licence avec 19 boules blanches.
3 .... 18 —
2 .... 17 —
5 .... 16 —
3 .... 15 —

Ce système ou tout autre système analogue dégagerait les Facultés de l'obligation de faire de la réforme du doctorat une dépendance des lois militaires : ce serait la meilleur solution.

Nous la recommandons à Monsieur le Ministre de l'Instruction publique, à Messieurs les Députés et Sénateurs qui s'intéressent à la prospérité des études juridiques. Nous leur signalons la situation intéressante de nos étudiants, à laquelle ils ont seuls qualité de porter remède.

Si notre voix n'est pas entendue, si la réforme du doctorat n'est faite qu'en vue de faciliter pour nos étudiants l'obtention de la dispense de deux années de service, en temps de paix, cette réforme, dominée par des mobiles étrangers aux intérêts de l'enseignement et de la science juridique, ne produira que des conséquences désastreuses sur les études juridiques.

Quoi qu'il en soit de ces considérations, nous avons tout lieu de penser que l'administration a pris son parti, et, en supposant que la loi militaire reste sans modifications, éxa-

2 étudiants sont arrivés à la licence avec 14 boules blanches.
4 .... 13 —
4 .... 12 —
4 .... 11 —
4 .... 10 —
10 .... 9 —
10 .... 8 —
9 .... 7 —
24 .... 6 —
15 .... 5 —
24 .... 4 —
29 .... 3 —
32 .... 2 —

135 étudiants sont arrivés à la licence sans obtenir de boules blanches et sans ajournement.

271 sont arrivés à la licence sans boules blanches, et avec un nombre plus ou moins élevé d'ajournements.

Si l'on prenait une moyenne de 7 boules blanches, il en résulterait que 62 étudiants sur 592, c'est-à-dire un peu moins du 11 pour 100, auraient joui des faveurs de la loi militaire.

minons les conditions dans lesquelles la réforme du doctorat en droit pourrait être faite.

Avant d'aborder les conditions de cette réforme, présentons deux considérations préliminaires importantes, auxquelles nous aurons à nous référer pour la discussion des projets proposés.

I. — Une solution de nature à satisfaire certains esprits amis de l'harmonie et de l'uniformité, consisterait à ramener le doctorat en droit à une simple thèse. N'est-ce pas ainsi que, dans l'ordre des lettres et des sciences, le grade de docteur se conquiert? Pourquoi donc ne pas accepter une règle semblable pour le droit?

A cela nous répondons que, dans les divers ordres de science, l'assimilation est difficile à établir: Si dans l'ordre des sciences et des lettres on se contente d'une simple thèse, tout au moins a-t-on la preuve par des épreuves multiples des connaissances étendues des candidats; et ces justifications résultent de la licence et de l'agrégation des classes supérieures; et, si ce dernier titre n'est pas exigé pour le doctorat, on peut dire que le Ministère de l'Instruction publique n'a presque jamais confié de poste d'enseignement qu'à des docteurs ès sciences ou ès lettres, agrégés. Nous pouvons donc dire que presque tous les candidats au doctorat ès lettres ou ès sciences couronnent leurs études par un ouvrage important. Dans l'ordre scientifique, le docteur doit présenter quelques recherches nouvelles; dans l'ordre des lettres, un ouvrage original souvent fort important.

Donc si, dans l'ordre du droit, on supprimait les examens de doctorat pour s'en tenir à une simple thèse, il faudrait, par quelques procédés particuliers, s'enquérir de l'aptitude juridique du candidat, et en vue de cette thèse unique, donnant le doctorat, on demande la refonte complète de la licence en la renforçant[1].

Cette première observation n'a donc qu'un but, prémunir les esprits contre toute tentative de généralisation et d'assimilation des études juridiques et des études scientifiques et littéraires.

[1] Système Bufnoir.

II. — Aujourd'hui, le doctorat se présente comme une révision générale de la science juridique, justifiée par l'examen et une thèse, et tout le monde s'accorde à reconnaître le niveau élevé du titre conféré.

Remarquons cependant que, dans le plus grand nombre des Facultés, pour préparer les candidats au doctorat, des cours spéciaux ne sont pas faits : les candidats trouvent dans les cours de licence l'aliment nécessaire à leur préparation.

Les mêmes cours arrivent donc à ce résultat de préparer de bons docteurs et de ne donner que de très médiocres licenciés.

Ce qui prouve que les cours envisagés en eux-mêmes sont suffisants, mais que la notation et le fonctionnement des examens de licence sont défectueux. La supériorité du doctorat n'est due qu'à ce fait que, plus exigents pour les candidats, la réussite résulte de l'obtention de majorité de blanches.

Ce caractère des cours faits en vue de la licence devait être mis en évidence, car il pourra jouer un rôle dans la discussion des réformes proposées.

Abordons l'examen des réformes du doctorat.

Sans chercher à prévoir et à analyser toutes les réformes possibles, nous croyons qu'on peut les ramener toutes à trois types différents :

La première, celle qui apporte au régime actuel le moins de changement, consisterait à alléger les épreuves du doctorat, en supprimant le troisième examen et une des deux thèses. Par là on ramène le temps normal de préparation du doctorat à deux ans ou deux ans et demi, et nos élèves peuvent ainsi user des faveurs de la loi militaire, et arriver au doctorat avant vingt-six ans.

La seconde consiste à supprimer les examens de doctorat et à faire dépendre l'obtention du titre d'une simple thèse (système Bufnoir).

La troisième consiste à distinguer des doctorats multiples, facilitant à nos candidats la spécialisation, en vue de leurs besoins et de leurs carrières, et d'en faire dépendre l'obtention d'un seul examen et d'une thèse.

Entrons dans les détails de chacune de ces réformes, et discutons-en le caractère et les effets.

I. — Suppression du troisième examen de doctorat et d'une thèse, et pour le surplus maintien du *statu quo*.

Ce qui dirige les promoteurs de ce système, c'est la pensée d'alléger le doctorat, tel qu'il fonctionne aujourd'hui ; de faciliter à nos licenciés l'obtention du grade de docteur avant vingt-six ans pour les mettre en situation de remplir les conditions de l'article 23 de la loi de 1889.

Ce système de réforme présente des avantages et des inconvénients, que nous demandons la permission de faire connaître.

En revenant au doctorat, tel qu'il a fonctionné longtemps, on paraît simplifier les épreuves exigées, et partant faciliter à nos jeunes gens la possibilité de remplir les conditions de la loi militaire. Le temps normal du doctorat sera dans la majorité des cas, soit deux ans et demi, quelquefois deux années, et ainsi nos bons licenciés peuvent espérer profiter de l'article 23 de la loi de 1889.

Mais ces avantages ne s'obtiennent pas sans de graves inconvénients : en ramenant le doctorat à deux examens, l'un de droit romain, l'autre de droit civil, on fait de ce titre une épreuve présentant pour tous les candidats la même forme et leur interdisant l'accès des branches accessoires pour lesquelles la spécialisation a pu commencer avec la licence et peut se continuer avec l'agrégation ; or, ne peut-on pas dire que ces épreuves successives, que certains candidats sont appelés à subir, doivent être organisées sur un même modèle et présenter toutes les mêmes grandes lignes ?

Quant à la réforme de la thèse, elle nous paraît n'être qu'une réforme sur le papier ; pour tous les sujets que les combinaisons modernes ont fait naître, les assurances sur la vie, par exemple, le candidat qui les traitera bénéficiera de la disposition nouvelle. Mais pour tous les sujets ayant en droit romain leur correspondant, même avec le système de la thèse unique, acceptera-on facilement que le candidat fasse abstraction de l'histoire de son sujet et laisse systématiquement de côté le droit romain ? Cette législation, quoi qu'on fasse, a joué un trop grand rôle dans la formation des législations françaises pour qu'on puisse en faire abstraction d'une manière complète. La thèse doit rester une épreuve importante, et pour cela il faut que le sujet choisi soit traité sous toutes ses faces, il ne faut pas que le candidat puisse s'abriter derrière la règle de la thèse unique, pour laisser dans l'ombre le développement historique de son sujet.

Puis, si l'on arrive aux détails d'organisation de ce système, de nouveaux inconvénients apparaissent : les uns proposent de revenir aux examens à cinq interrogations ; d'autres proposent de joindre au droit civil le droit constitutionnel et le droit commercial ou le droit administratif, reprenant ainsi les concessions qu'ils ont paru faire. Ce qu'il faut reconnaître franchement, c'est que le système proposé revient à l'ancien doctorat, tel qu'il était, il y a une dizaine d'années, que le troisième examen n'est pas une épreuve arrêtant les candidats sérieux, et que, suivant les pratiques anciennes, la moyenne de durée de la préparation au doctorat sera de deux ans et demi au minimum et de trois ans dans la grande majorité des cas : l'allégement n'est pas suffisant, si l'on se place au point de vue de la loi militaire, et la réforme est en contradition avec les réformes de la licence et de l'agrégation, épreuves dans lesquelles on a voulu faire la place aux spécialisations.

II. — Système Bufnoir

Nous désignons, sous ce nom, le système qu'a développé notre éminent collègue de la Faculté de Paris ; la situation de M. Bufnoir dans l'enseignement, sa qualité de délégué des Facultés de droit au Conseil supérieur de l'Instruction publique, donnent à son projet, sérieusement formulé, une importance capitale.

Ce système consiste à réorganiser la licence, et, cette réorganisation opérée, à ne plus exiger pour le doctorat qu'une simple thèse.

Le point de départ est la constatation de la faiblesse des études de licence ! Aussi M. Bufnoir propose-t-il, en vue de tous ceux qui peuvent s'arrêter au titre de licencié, des études adaptées au but poursuivi par eux, et ces études on les trouverait dans la capacité réorganisée.

Cette capacité prendrait la place de la licence actuelle, et la licence actuelle, prolongée d'une année, formerait l'ensemble des études de doctorat, que la thèse viendrait couronner.

Pour ces candidats-là, les études juridiques dureraient donc quatre années et une année pour la thèse : en tout cinq années, et, grâce à cela, les candidats pourraient remplir en temps utile les conditions exigées par l'article 23 de la loi de 1889, sur le recrutement militaire.

Ce plan de réforme ne touche donc pas seulement au doctorat en droit, il s'applique à toutes les études juridiques.

Il nous paraît présenter un défaut capital, c'est d'aboutir à la création de deux licences différentes : l'une, répondant seulement à des besoins pratiques ; l'autre, licence supérieure, préliminaire nécessaire du doctorat.

Et cela entraînera fatalement à l'organisation d'un double enseignement complet, en vue de chacune des licences, et, en pratique, au discrédit complet de la première.

Le doctorat, réduit à une simple thèse, perdra de sa valeur scientifique ; car les épreuves préliminaires de la nouvelle licence ne répondront pas certainement au niveau de nos épreuves actuelles du doctorat, et partant le doctorat sera le résultat d'une thèse, où la part revenant au candidat peut être excessivement faible.

Tout au moins ce système présente-t-il, sous son vrai jour, la réforme du doctorat : celle-ci ne peut se faire, dit énergiquement M. Bufnoir, que par la réorganisation de la licence renforcée. Nous le croyons aussi, mais nous pensons que le système proposé nous place dans un inconnu trop grand pour être accepté.

III. — **Systême des doctorats multiples**   .

Le troisième système de réforme consiste à organiser le doctorat, de façon à lui donner un caractère particulier, suivant l'aptitude ou les besoins du candidat.

La spécialisation scientifique est nécessaire dans toutes les sciences avec l'extension nécessaire que comporte chacune d'elles. Vouloir tout apprendre est se vouer fatalement à ne rien savoir convenablement. Que chaque science présente cependant des principes, des méthodes d'étude, que l'on doive appliquer dans toutes les branches, c'est un point qu'on ne saurait contester : aussi croyons-nous qu'il faut faire une large place à ces principes, à ces études générales ; mais, ces études faites, la spécialisation doit trouver sa place.

Ce système voit donc la partie générale, utile à tous et à laquelle nul ne peut se soustraire, dans les études de licence, et dans le doctorat une spécialisation sérieuse préparant le jeune homme à la spécialisation de l'agrégation et de l'enseignement.

Le doctorat en droit ne serait plus dans ce système ce qu'on lui a souvent reproché, la répétition d'études antérieurement faites, une espèce de révision générale souvent inutile, mais un couronnement d'études juridiques, que l'on complèterait en les perfectionnant, dans les branches, où pousseraient les candidats, soit leurs aptitudes, soit leurs besoins.

Les études de licence prennent ainsi une nouvelle importance ; elles s'appliquent à poser les principes généraux, les éléments de la science juridique que tout jurisconsulte, quelle que soit la voie qu'il choisisse dans la suite, doit posséder : aussi comme condition essentielle à la réforme des doctorats multiples nous demandons que l'on renforce la licence, qu'elle devienne pour tous un titre sérieux, et s'il faut revenir quelque peu en arrière, sur certaines réformes, faites peut-être un peu hâtivement et dont le résultat n'est pas satisfaisant, qu'on n'hésite pas à le faire : mais la nécessité première est de renforcer les études de licence, et la réforme du doctorat sera ainsi facilitée.

Qu'on nous permette d'exprimer sur ce point toute notre pensée : les cours de licence, tels qu'ils sont faits dans les Facultés, sont élevés à la hauteur de ce que l'enseignement supérieur doit être, et cela est si vrai, qu'en même temps qu'ils préparent nos étudiants à la licence, les aspirants au doctorat viennent y chercher le complément de leurs études, et, pour certaines des parties les plus importantes de leurs examens, dans la plupart des Facultés il n'est organisé aucun enseignement particulier.

Les cours tels qu'ils sont faits donnant donc toute satisfaction, d'où provient le discrédit de la licence en droit?

Le discrédit de la licence en droit vient exclusivement de l'organisation des examens et de la notation acceptée.

Organisation des examens : Chaque année de licence se termine par un examen en deux parties ; or, au lieu de considérer ces deux épreuves comme les deux parties d'une épreuve unique, et partant solidaires l'une de l'autre, on les envisage individuellement et en conséquence l'élève peut être reçu à l'une et refusé à l'autre, et il arrive ainsi que des élèves n'ont pendant une année à suivre que quelques cours, ayant passé l'examen pour quelques matières ; que l'on maintienne la séparation des épreuves en deux parties, cela paraît indispensable avec la multiplicité des matières, mais que le résultat de l'épreuve unique ne soit donné qu'après la seconde partie, suivant la moyenne des notes obtenues aux deux parties.

La notation acceptée : La faiblesse de la licence en droit provient exclusivement de la notation acceptée qui est beaucoup trop faible ; que l'on songe que nos étudiants peuvent arriver à la licence avec 6 boules noires et 12 rouges, ou avec 12 rouges noires et 6 rouges, c'est-à-dire avec des notes allant du mal au médiocre, n'est-ce pas trop d'indulgence ?

Si on acceptait la réforme des examens en une épreuve unique, et que l'on décidât que l'ajournement est prononcé à la suite d'une noire et d'une rouge noire ou de 3 rouges noires le niveau de la licence s'élèverait immédiatement ; il y aurait à voir si l'on ne peut pas aller plus loin dans cette voie.

Si l'on ne porte pas la réforme dans ces défauts de notre organisation scolaire, la licence, malgré les efforts de quelques professeurs isolés, restera une épreuve sans valeur scientifique : la comparaison du doctorat et de la licence préparées avec les mêmes enseignements justifie notre observation.

Ces considérations générales présentées, il ne nous reste à étudier que deux questions :

1° Comment le doctorat multiple doit-il être organisé et suivant quelles divisions ?

2° Comment la licence, préparation générale et introduction forcée au doctorat, doit-elle être organisée ?

1° COMMENT LE DOCTORAT MULTIPLE PEUT-IL ÊTRE ORGANISÉ ?

En acceptant le doctorat multiple comme principe, l'on pourrait être tenté d'en organiser autant qu'il y a de branches de la science juridique ; nous pensons que ce serait de l'exagération ; les branches de la science juridique peuvent être groupées de façon à placer côte à côte les variétés présentant un caractère commun, obéissant aux mêmes méthodes ; au reste, le groupement peut être modifié, si le principe est accepté.

Pour nous, nous nous rattacherions à trois doctorats :

1° Le doctorat ès sciences historiques ;

2° Le doctorat ès sciences juridiques ;

3° Le doctorat ès sciences politiques.

1° DOCTORAT ÈS SCIENCES HISTORIQUES

Le premier comprendrait le droit étudié dans son développement historique : étude externe et interne, droit et institutions.

Il comprendrait un examen unique et une thèse.

L'examen roulerait exclusivement sur le droit romain et l'ancien droit français.

La thèse comprendrait une dissertation sur un point d'histoire de droit : droit romain, droit français, droit ou institution, droit public ou privé.

La thèse permettrait ainsi, par sa variété, de donner aux études historiques une ampleur plus grande que celle que les cours lui donneraient. En vue de cette première variété de doctorat, les élèves auraient à suivre les cours de droit romain de licence ; la conférence de Pandectes (cours annuel) et les cours d'histoire du droit (1ʳᵉ année de licence) et d'histoire du droit de doctorat (cours annuel).

2° LE DOCTORAT ÈS SCIENCES JURIDIQUES

Ce doctorat comprendrait, comme partie importante, le droit civil et un des droits accessoires, se rattachant au droit civil, procédure civile, droit commercial, droit international privé. La thèse porterait sur l'une quelconque de ces branches d'enseignement. Les cours de droit commercial et de procédure, tels qu'il sont organisés pour la licence, suffiraient avec les cours de droit civil de licence et un cours spécial de droit civil pour le doctorat (avec programme variable), ce dernier cours annuel.

3° ENFIN LE DOCTORAT ÈS SCIENCES POLITIQUES

Ce dernier comprendrait le droit administratif, l'économie politique et le droit pénal, le droit constitutionnel et le droit international public ; en un mot les sciences politiques.

Grâce à ces divisions, le doctorat offrirait à nos étudiants, suivant leurs goûts et leurs besoins, les variétés et titres nécessaires.

Les jeunes gens qui se destinent aux carrières juridiques proprement dites, le barreau et la magistrature, trouveraient dans le doctorat ès sciences juridiques le titre complémentaire indispensable à leur carrière.

Les jeunes gens qui se destinent à l'administration trouveraient dans le doctorat ès sciences politiques un titre dont beaucoup d'entre eux vont chercher l'équivalent à l'École des sciences politiques.

Le titre de docteur ès sciences historiques resterait ouvert aux esprits que ne rebutent ni les recherches longues et spéculatives et qui aiment à porter leur regard sur le passé pour y trouver des enseignements.

Il ne faut pas se dissimuler que notre doctorat, tel qu'il est aujourd'hui organisé, ne donne satisfaction qu'à un très petit nombre de nos candidats : beaucoup, ne voulant que compléter leurs études, au point de vue juridique, le désertent à cause des études de droit romain, dont ils ne voient pas la nécessité. L'organisation proposée serait de nature à satisfaire tous les besoins.

2° ORGANISATION DE LA LICENCE

En face du doctorat ainsi organisé, la licence deviendrait un titre essentiellement juridique, donnant les éléments de la science nécessaires à tout jurisconsulte ; il faudrait ne pas chercher à tout y enseigner, mais y enseigner bien les branches juridiques abordées, ne pas trop se préoccuper de spécialisation : celle-ci ne peut être sérieusement abordée qu'après des études générales sérieuses : la licence les donnerait. Notre pensée serait donc de concentrer les études de la licence sur le droit proprement dit, étudié au point de vue historique et dogmatique ; le droit romain, le droit civil, la procédure civile, le droit pénal, le droit administratif, l'histoire générale du droit, avec l'économie politique, en formeraient l'objet. Tous les cours seraient des cours annuels ; la pratique des cours semestriels très difficile à organiser n'a pas donné les résultats qu'on pouvait en attendre ; au reste la spécialisation à laquelle on voulait arriver grâce à eux n'aurait plus sa raison d'être, la spécialisation devant se faire avec le doctorat.

Dans ce système, il faudrait remanier les cours de licence, les établir les mêmes pour tous, avec des cours annuels, et sacrifier franchement quelques études intéressantes en elles-mêmes, mais dont il est bien difficile de faire l'objet d'un enseignement complet.

L'économie qu'on ferait de ce côté servirait à l'organisation des cours de doctorat. Dans notre pensée, en effet, les doctorats multiples ne sont possibles qu'avec un enseignement approprié à leur destination et, en vue du doctorats ès sciences politiques, on aurait à organiser des chaires de droit administratif, de droit commercial, d'économie politique, de droit cons-

titutionnel, qui, avec les cours de licence, faciliteraient à nos canditats ès sciences politiques l'obtention du grade de docteur.

En résumé donc, nous conservons la licence en droit avec un caractère fortement juridique, et le doctorat, titre de luxe, complément de la première, est organisé suivant les besoins et les goûts des candidats.

Mais, en étudiant la réforme du doctorat, nous ne devons pas oublier l'agrégation : celle-ci ouvre la porte du professorat. Jusqu'ici elle a donné de trop bons résultats, elle a maintenu à un niveau toujours élevé l'enseignement du droit, elle doit être maintenue, et nous estimons que les candidats ne pourront être admis à ces épreuves que s'ils justifient de l'obtention de deux des doctorats.

Peut-être, comme conséquence de la réforme du doctorat, devrait-on se demander s'il n'y aura pas lieu de scinder l'agrégation, et, dans ce cas, les agrégés ès sciences politiques devraient être pourvus du doctorat ès sciences politiques et du doctorat ès sciences historiques ; les candidats à l'agrégation ès sciences juridiques ou historiques devraient être pourvus du doctorat ès sciences historiques et juridiques, et, pour faciliter l'obtention de ces titres, pourrait-on dispenser de la thèse du second doctorat le candidat qui justifierait de l'obtention d'un des doctorats en droit.

Si ce troisième système de réforme devait être accepté, il faudrait en étudier le fonctionnement en détail, tant pour la licence que pour le doctorat ; il nous suffit pour le moment d'avoir indiqué les lignes générales de la réforme.

La Faculté de droit, continuant sa délibération commencée dans les séances précédentes, après la lecture du présent rapport et des observations présentées par MM. Gide, Pierron, Valabrègue et Charmont, a décidé :

Qu'en présence des conditions dans lesquelles se présente la réforme du doctorat, et craignant que cette réforme n'aboutisse à l'affaiblissement des études et au discrédit du titre, l'administration est priée d'examiner un projet de réforme tendant à accorder, sous certaines conditions, à la licence en droit, la dispense des deux années de service militaire, en temps de paix ; les statistiques démontrent que cette mesure, sans compromettre les droits de la défense nationale, pourrait devenir une grande cause d'émulation pour les étudiants, et le relèvement des études de licence.

Et, si cette mesure était acceptée, la Faculté ne croirait pas nécessaire d'aborder la réforme du doctorat : elle demanderait le maintien du *statu quo*.

2° Pour le cas où l'on n'arriverait pas à obtenir la dispense du service militaire pour les licenciés, la Faculté, reconnaissant qu'au point de vue théorique, et dans l'intérêt des études, le principe des doctorats multiples devrait être accepté, mais que l'organisation de ces doctorats entraîne, comme conséquences nécessaires, un remaniement de la licence et des chaires nouvelles en vue du doctorat ; que l'état du personnel et la situation du budget font craindre que ces modifications nécessaires ne soient pas organisées dans toutes les Facultés et que, par suite, dans quelques-unes de nos Facultés, la préparation du doctorat devienne impossible,

La Faculté décide que les études du doctorat seront modifiées et réduites à deux examens et une thèse sur un sujet unique.

Et, considérant que la suppression du troisième examen donne au doctorat un aspect trop exclusivement juridique, la Faculté propose de revenir purement et simplement au doctorat, tel qu'il était autrefois organisé avec deux examens : le premier, portant sur le droit romain et l'histoire du droit avec cinq interrogations ; le second, portant sur le droit civil (trois interrogations) et les branches accessoires enseignées en licence au choix du candidat, pour deux interrogations.

La thèse unique aurait pour objet l'étude d'une théorie empruntée à l'une des branches de la licence juridique au choix du candidat.

Ces conclusions ont été votées par la Faculté de droit de Montpellier, le 3 mars 1894.

LE DOYEN DE LA FACULTÉ DE DROIT,

VIGIÉ.